TU SAIS QUE
TU ES UNE

BALANCE

QUAND....

TU SAIS QUE TU ES UNE BALANCE QUAND....

100 FAITS RELATIFS AU FAIT D'ÊTRE BALANCE

Sarah Howell

...vous ne pouvez pas prendre de décision sans peser toutes les options.

...on trouve l'harmonie dans la symétrie des choses.

...votre sens de la mode est impeccable et vous êtes toujours habillé pour impressionner.

... c'est toujours vous qui arbitrez les conflits entre amis.

... sa maison regorge de beaux objets d'art et de décoration.

...vous êtes la personne à contacter pour obtenir des conseils relationnels.

...vous ne supportez pas les confrontations et essayez de maintenir la paix.

...vous êtes connu pour votre caractère charmant et diplomate.

...vous aimez les réunions sociales et pouvez gérer une salle comme un pro.

...on vous accuse souvent d'être un peu indécis.

...tu es un vrai romantique dans l'âme.

...vous luttez toujours pour l'équilibre dans votre vie.

...vous êtes un pacificateur naturel.

...vous avez une profonde appréciation pour l'art et la culture.

...vous êtes obsédé par la symétrie et l'ordre.

...vous aimez organiser des dîners et des réunions.

...vous êtes attiré par les environnements esthétiques.

...vous ne pouvez pas résister à un bon débat ou à une bonne discussion.

...vous êtes constamment en quête de justice et d'équité.

...vous êtes un charmeur naturel et pouvez facilement convaincre les gens.

...vous avez le don de voir les deux côtés d'un argument.

...vous êtes un maître de l'engagement.
...vous appréciez la beauté des petites choses.

...vous êtes reconnu pour votre tact et votre diplomatie.

...vous aimez profiter des bonnes choses de la vie.

... vous êtes obsédé par l'esthétique de votre flux de médias sociaux.

...vous êtes un flirt naturel sans même essayer.

...vous croyez au pouvoir de l'amour et du partenariat.

...vous réorganisez constamment vos meubles pour trouver l'équilibre parfait.

...vous avez un sens aigu de la justice et de l'équité.

...vous ne pouvez pas résister à l'envie d'acheter de beaux bijoux.

...vous recherchez toujours la beauté intérieure et extérieure.

...vous êtes à l'écoute et êtes de bons conseils.

...Tu es un imbécile qui se laisse emporter par une bonne histoire d'amour.
...vous êtes un diplomate et un médiateur né.

...vous trouvez la paix dans la nature et un environnement serein.

...vous êtes attiré par les carrières en droit, en médiation ou en conseil.

...vous ne pouvez pas supporter que les choses soient déséquilibrées ou déplacées.

...vous êtes un fan inconditionnel de comédies romantiques.

...vous êtes reconnu pour votre sens du style et de la mode.

...vous aimez la musique classique et les arts.

...vous avez un don naturel pour le réseautage et l'établissement de liens.

...vous disposez d'une collection de bougies parfumées pour créer un environnement harmonieux.

...vous ne pouvez pas résister à une bonne journée au spa ou à un rituel de soins personnels.

...vous vous efforcez toujours de créer une alimentation équilibrée et une routine d'exercice.

...vous appréciez la beauté d'une lettre ou d'une carte manuscrite.

...vous êtes connu pour vos manières impeccables.

...vous appréciez le frisson d'une bonne négociation.

...vous avez le don de faire en sorte que les gens se sentent valorisés et entendus.

...vous croyez au pouvoir de l'engagement dans les relations.

...vous êtes attiré par les métiers du design, de la mode ou de la décoration d'intérieur.

...vous ne pourrez pas résister à une bonne journée de spa ou de massage.

...vous disposez d'une playlist pour chaque humeur et chaque occasion.

...vous recherchez toujours l'harmonie dans votre vie personnelle et professionnelle.

...vous êtes connu pour votre sourire captivant.

...vous avez un don naturel pour faire des compliments et faire en sorte que les gens se sentent spéciaux.

...vous préférez être célibataire plutôt que de vous contenter de moins que votre partenaire idéal.

... vous êtes fan des flux Instagram esthétiques.

...vous êtes indécis quant à vos propres projets d'anniversaire.

...vous ne pouvez pas résister à un magnifique coucher ou lever de soleil.

...vous êtes constamment partagé entre rester à la maison pour une soirée agréable ou sortir pour un événement social.

...vous êtes attiré par les carrières en conseil, en psychologie ou en thérapie.

...vous avez le don de créer une atmosphère harmonieuse dans votre maison.

...vous êtes fan de poésie et de littérature romantique.

...vous êtes connu pour votre goût impeccable en matière de vin et de gastronomie.

...vous avez du talent pour organiser des soirées élégantes et mémorables.

...vous avez une armoire pleine de vêtements mais vous ne trouvez toujours rien à vous mettre.

...vous êtes toujours à la recherche de justice et d'équité dans le monde.

... vous ne pourrez pas résister à une bonne retraite spa ou à une escapade d'un week-end.

...vous avez un amour profond pour tout ce qui est beau et artistique.

...vous êtes connu pour votre capacité à voir les deux côtés d'un argument.

...vous maîtrisez l'art de la séduction sans même essayer.

...vous avez un talent pour arranger des fleurs et créer des bouquets impressionnants.

... vous ne pouvez pas résister à l'envie de réorganiser vos meubles toutes les quelques semaines pour obtenir ce sentiment d'équilibre insaisissable.

...vous êtes attiré par les carrières diplomatiques, politiques ou juridiques.

... vous ne pouvez pas prendre de décision sans consulter au préalable votre horoscope.

...vous êtes connu pour votre capacité à dissiper les tensions grâce à votre charme.

...vous passez des heures à essayer de trouver l'emoji parfait à envoyer dans un message texte.

...vous êtes amateur de beaux paysages et de vues pittoresques.

...vous avez une capacité innée à voir le côté positif de chaque situation.

...vous pouvez facilement transformer n'importe quelle tâche banale en une entreprise créative.

...tu as une capacité extraordinaire à trouver l'harmonie dans les musiques les plus discordantes.

...vous croyez que même les tempêtes les plus sombres peuvent révéler les plus beaux arcs-en-ciel.

...vous maîtrisez l'art du compromis, même dans les situations les plus difficiles.

...sa bibliothèque est remplie d'une grande variété de titres, reflétant ses intérêts en constante évolution.

... vous êtes la personne vers laquelle les gens se tournent pour obtenir des conseils sur la façon de réparer les relations brisées.

...vous avez un lien particulier avec les animaux et sentez que vous pouvez communiquer avec eux à un niveau plus profond.

...vous appréciez la beauté des lettres manuscrites et écrivez souvent des notes sincères à vos proches.

...vous pouvez transformer un simple repas en un chef-d'œuvre culinaire grâce à vos talents de présentation.

...vous avez une présence magnétique qui attire les gens vers vous comme un papillon de nuit vers une flamme.

...vous pensez que chaque personne que vous rencontrez a une histoire unique qui mérite d'être entendue.

...vous êtes reconnu pour votre goût impeccable lorsqu'il s'agit de choisir le cadeau parfait pour toute occasion.

...vous êtes passionné par la collection d'objets vintage et par la découverte des histoires cachées qui se cachent derrière eux.

...vous avez un talent naturel pour organiser des soirées à thème qui transportent les invités dans des époques et des cultures différentes.

...vous pouvez sans effort rassembler des points de vue opposés dans une discussion productive et harmonieuse.

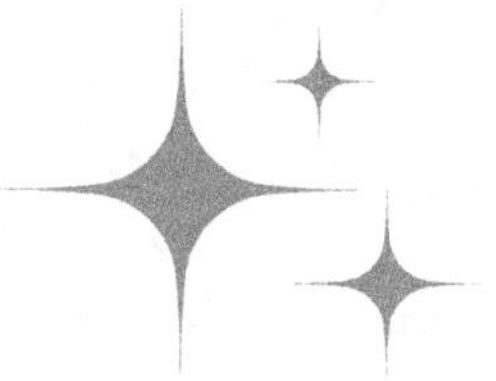

...vous êtes attiré par les carrières qui impliquent une résolution créative de problèmes et un rapprochement entre les gens.

...vous trouvez la beauté dans les motifs des étoiles et contemplez souvent les mystères du cosmos.

...vous pouvez transformer une conversation informelle en une exploration philosophique profonde sans rien manquer.

... vous pouvez faire en sorte que même les tâches les plus banales ressemblent à une séance de méditation.

...vous trouvez la beauté dans la façon dont un seul rayon de soleil danse sur les feuilles d'un arbre.

...vous pensez que chaque désaccord peut être résolu avec la bonne combinaison d'empathie et d'engagement.

www.ingramcontent.com/pod-product-compliance
Lightning Source LLC
Chambersburg PA
CBHW061329140726
47998CB00007B/2621